James Dobson
TE ACONSEJA ACERCA DE:

El **Amor romántico**

Usa tu cabeza en
asuntos del corazón

Publicado por
Editorial **Unilit**
Miami, Fl. U.S.A.
Derechos reservados

Primera edición 1994

Copyright © 1989, por Regal Books,
División de Gospel Light Publications
Ventura, CA. 93006
Título original en inglés: *Romantic Love*
Todos los derechos reservados. Este libro o porciones no
puede ser reproducido sin el permiso escrito de los editores

Traducido al castellano por: Raquel de la Calle

Citas Bíblicas tomadas de la versión Reina Valera,
Revisión 1960 © Sociedades Bíblicas Unidas,
Usada con permiso.

Cubierta diseñada por: Barbara Wood

Impreso en Colombia
Producto 498406
ISBN-1-56063-738-2

Printed in Colombia

Contenido

Contents

*E*ste libro es dedicado cariñosamente
a mi esposa Shirley, que creyó en mí
antes que yo creyera en mí mismo.
He compartido con esta distinguida dama
los momentos más gratos de mi existencia,
y doy gracias a Dios por haberla
traído a mi vida.

Introducción

Usted leerá un libro acerca de una de las emociones humanas más fuerte e incomprensible —el amor romántico—. El tema de las emociones humanas siempre me recuerda una historia que mi madre me hizo, de cuando ella asistía al bachillerato en 1930. Se encontraba localizado en un pequeño pueblo de Oklahoma, donde surgían los peores equipos de fútbol. Como era de esperar, los estudiantes y sus padres se desanimaron mucho por las estrepitosas derrotas de los equipos cada viernes por la noche.

Finalmente, un magnate petrolero decidió tomar las riendas del asunto. Él pidió hablarle al equipo en los vestidores después de otra aplastante derrota. Fue uno de los discursos más dramáticos del fútbol de todos los tiempos. Este hombre de negocios ofreció un carro Ford nuevo a cada jugador del equipo y a cada instructor si lograban derrotar a sus rivales en el próximo juego. Knute Rockne nunca pudo decir algo mejor.

Siete días de ¡hurras! y exclamaciones de regocijo simplemente no pueden compensar, la falta de disciplina, condición, práctica, preparación, experiencia y carácter de los jugadores.
Lo mismo puede decirse del
amor romántico.

El equipo se emocionó enormemente. Gritaban y se daban palmadas en las espaldas. Soñaban con los puntos de anotaciones y los aplausos de los espectadores. Toda la escuela estaba en un éxtasis, y un aire de festividad se difundía. Cada jugador se veía detrás del volante de un espléndido auto, con ocho maravillosas muchachas colgadas de sus hermosos cuerpos. Finalmente, la gran noche llegó. Hubo una gran emoción, pero sin precedentes. El entrenador hizo algunos comentarios vagos y los jugadores apresuradamente se reunieron fuera de la línea del terreno, de espaldas al equipo contrario, juntaron sus manos y gritaron simultáneamente "¡RAH!" Luego, corrieron hacia el campo y fueron derrotados, 38-0.

La euforia del equipo no se tradujo a un solo punto en la pizarra de anotaciones. Siete días de ¡hurras! y exclamaciones de regocijo simplemente no pueden compensar, la falta de disciplina, condición, práctica, preparación, experiencia y carácter de los jugadores. Semejante es la naturaleza de todas las emociones, particularmente el amor romántico. Éste ocupa un lugar en los asuntos humanos, pero cuando es reprimido, usualmente se revela como informal y efímero, incluso un poco estúpido o ridículo.

Para minimizar sus efectos en nuestro comportamiento, lo más importante es recordar que las emociones —*no sólo el amor romántico, sino todas las emociones*— *siempre tienen que ser controladas por la razón y la voluntad.* Esta responsabilidad es doblemente importante para aquellos que pretendemos ser cristianos. Si nosotros somos derrotados durante nuestro peregrinaje por la vida espiritual, es probable que las emociones negativas representen un papel dominante en el desánimo. Satanás es muy efectivo usando armas como la culpabilidad, el rechazo, el temor, la vergüenza, el dolor, la depresión, la soledad y la incomprensión. En efecto, los seres humanos son criaturas vulnerables, las cuales no pueden resistir esas presiones satánicas sin la ayuda divina.

Como hemos analizado el poder de la emoción en el amor romántico, podemos formular las siguientes preguntas:

1. ¿Cómo puede el sentimiento amoroso convertirse en una trampa peligrosa?
2. ¿Por qué muchas parejas se desilusionan tan pronto después de la luna de miel?
3. ¿Ocurre siempre el amor a primera vista?
4. ¿Selecciona Dios a una persona en particular para que nos casemos y después guiarnos juntos?
5. ¿Cómo puede mantenerse vivo el amor?

Siguiendo nuestra discusión acerca del amor romántico hay una sección llamada "Ideas para reflexión y aprendizaje". El objetivo es permitir el uso del material en las clases de las escuelas dominicales, en clases de estudios bíblicos en la vecindad o en cualquier otro lugar donde pueda ser beneficioso. Ya que prácticamente cada ser humano maneja sus emociones en algún sentido, a veces es beneficioso compartir experiencias con amigos y hermanos cristianos, en el marco de la compasión. Por otro lado, las personas pueden usar las páginas de referencia personalmente.

Finalmente, tocaremos el tema de la "Interpretación de las impresiones", que se refiere a la dirección para tratar con las emociones del amor romántico, ya que el hombre es beneficiado por Dios con el regalo del amor, el cual no puede ser destruido por la falsedad de Satanás.

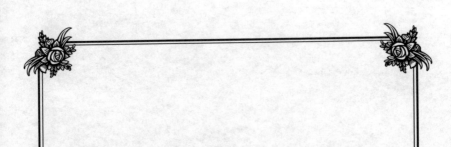

El amor romántico:
La ilusión
y la realidad

1

El amor romántico:
La ilusión y la realidad

Me preocupa que muchos jóvenes crezcan con un concepto tan distorsionado del amor romántico. Ellos confunden las cosas reales con el enamoramiento e idealizan el matrimonio de una manera que nunca podrá ser. Para ayudar a remediar esta situación, yo desarrollé un breve cuestionario de verdadero y falso, para ser usado en la enseñanza de grupos de adolescentes. Pero para mi sorpresa, encontré que algunos adultos no obtenían una puntuación tan elevada como sus hijos adolescentes.

Usted puede tomar este cuestionario para medir su comprensión acerca del romance, amor, y matrimonio. Una discusión de cada respuesta verdadera o falsa sigue a este cuestionario para ayudarle a descubrir la diferencia entre la ilusión y la realidad.

¿Qué usted cree acerca del amor?

Marque la columna apropiada

		Verdadero	Falso
Tópico 1:	"El amor a primera vista" ocurre entre algunas personas.	☐	☐
Tópico 2:	Es fácil distinguir el verdadero amor del enamoramiento.	☐	☐
Tópico 3:	Las personas que verdaderamente se aman no pelean ni discuten.	☐	☐
Tópico 4:	Dios selecciona a *una* persona en particular para que nos casemos y Él nos guiará juntos.	☐	☐
Tópico 5:	Si un hombre y una mujer se aman genuinamente, las privaciones y los problemas afectan muy poco o no afectan su relación.	☐	☐
Tópico 6:	Es mejor casarse aunque sea con la persona equivocada, que mantenerse soltero/a y solo/a toda la vida.	☐	☐

Tópico 7: No es perjudicial ☐ ☐
mantener relaciones
sexuales antes del
matrimonio si la
pareja tiene una
relación significativa.

Tópico 8: Si una pareja está ☐ ☐
enamorada
genuinamente, esta
condición
permanecerá toda la
vida.

Tópico 9: Los noviazgos ☐ ☐
cortos son mejores.

Tópico 10: Los adolescentes ☐ ☐
están más
capacitados para el
amor genuino que
las personas
mayores.

Los jóvenes conocen a las muchachas.
¡Que viva el amor!
Indudablemente existen algunas diferencias de opinión
respecto a las respuestas del cuestionario, yo estoy con-
vencido de que cada respuesta es correcta. Pero, también creo que muchos de los problemas del matrimonio
se desarrollan por un mal entendimiento de estos diez
temas.

Vamos a ver hipotéticamente un noviazgo donde el
sentido del amor es pobremente entendido.

La confusión comienza cuando un joven conoce a
una muchacha y para ellos todo el cielo se ilumina.
Humo y fuego son seguidos por relámpagos, truenos, y

La confusión comienza cuando un joven conoce a una muchacha y para ellos todo el cielo se ilumina abundantemente. Humo y fuego es seguido de relámpagos, truenos, y los ¡ay de mí!, y la sentimental pareja se encuentra sumergida en un verdadero amor.

los ¡ay de mí!, y la sentimental pareja se encuentra sumergida en un verdadero amor. Se bombea abundante adrenalina al sistema cardiovascular y cada nervio se carga con una electricidad de 110 voltios. Después, la joven pareja comienza su carrera con firmeza, alentándose con mensajes en cada movimiento de cabeza: ¡Eso es! ¡La búsqueda ha terminado! ¡Has encontrado el ser humano perfecto! ¡Que viva el amor!

Para nuestra romántica pareja, es simplemente demasiado maravilloso de contemplar. Quieren estar juntos las veinticuatro horas del día —caminar bajo la lluvia y sentarse al lado del fuego y besarse y abrazarse—. Los ahoga la emoción sólo de pensar en el otro. Pero esto no durará para el objetivo del matrimonio que ellos mismos se han propuesto. No obstante, fijan una fecha para el matrimonio y reservan la iglesia, se ponen en contacto con el ministro y ordenan las flores.

La gran noche llega entre las lágrimas de la madre, la sonrisa del padre, la envidia de la dama de honor y la pequeña y asustada niña que lleva las flores. Las velas alumbran, y dos preciosas melodías son mal entonadas por la hermana de la novia. Después, el murmullo de los votos, los anillos puestos en los temblorosos dedos y el ministro le dice al novio que bese a su esposa. Luego, apresurados por el pasillo, con una sonrisa que muestra los treinta y dos dientes, se dirigen al salón de la recepción.

Sus amigos y los que les desean bien abrazan y besan a la novia y miran al novio, se comen el pastel y siguen las instrucciones del sudado fotógrafo. Finalmente los nuevos señor y señora salen corriendo de la iglesia bajo una lluvia de arroz y confeti y se dirigen a su luna de miel. Sus sueños maravillosos se mantienen intactos, pero viven un tiempo prestado.

La primera noche en el motel no es sólo menos emocionante que lo anunciado —sino que se convierte en un cómico desastre—. Ella está exhausta y tensa, y él está cohibido. Desde el principio el sexo es matizado con la amenaza de un posible fracaso. Su gran expectación acerca de la cama matrimonial provoca decepción, frustración, y miedo. Casi todos los seres humanos tienen un deseo casi neurótico de sentirse sexualmente suficientes, cada pareja tiene tendencia a echar la culpa de su problema orgásmico a su compañero/a lo que a la larga añade una nota de enojo y resentimiento a su relación.

Alrededor de las tres de la tarde del segundo día, el nuevo esposo toma diez minutos para pensar en la fatídica pregunta: "¿Habré cometido un grave error?" Su silencio incrementa su ansiedad y la semilla del descontento nace. Cada uno tiene mucho tiempo para pensar en las consecuencias de su nueva relación, y empiezan a sentirse atrapados.

Su argumento inicial es algo tonto. Pelean momentáneamente por el dinero que han gastado en la comida de la tercera noche de la luna de miel. Ella quiere ir a algún lugar romántico para envolverse otra vez en su atmósfera romántica, y él quiere comer con Ronald McDonald. La furia dura sólo unos momentos, y le siguen disculpas; pero algunas palabras duras se intercambiaron, las cuales hirieron sus sueños maravillosos. Ellos aprenderán muy pronto a lastimarse con más efectividad.

Por alguna razón, continúan así los seis días del viaje y el regreso a casa para establecer sus responsabilidades domésticas juntos. Después, el mundo comienza a astillarse y se desintegra delante de sus ojos. La próxima pelea es mayor que la primera, él deja la casa por dos horas y ella llama a su madre.

A través del primer año se mantienen ocupados en una inmensa lucha para salirse con la suya, compitiendo por el poder y el liderazgo. Y en medio de este tira y afloja, ella sale asombrada de la oficina del tocólogo sonándole las palabras en sus oídos, "Señora Jones, tengo buenas noticias para usted". Si hay algo en la tierra que la señora Jones no necesita en estos momentos es una "buena noticia" de la oficina del tocólogo.

Desde el principio hasta el conflicto final, vemos a dos jóvenes decepcionados, confundidos y profundamente lastimados, preguntándose cómo esto pudo pasar. También encontramos un niñito que nunca disfrutará de un hogar estable. Será criado por su madre y siempre preguntándose: "¿Por qué papá no vive aquí?"

El cuadro que hemos hecho, obviamente no se refleja en cada matrimonio joven, pero sí es característico en muchos de ellos. El índice de divorcio es más elevado en Estados Unidos que en otra nación del mundo civilizado y está en aumento. En el caso de nuestra desilusionada joven pareja, ¿qué pasó con sus sueños románticos? ¿Cómo esa relación que empezó con tanto entusiasmo se tornó tan rápidamente en aborrecimiento y hostilidad? Posiblemente ellos no podían estar más enamorados al principio, pero su "felicidad" estalló en sus caras asustadas. ¿Por qué esto no duró? ¿Cómo otros pueden evitar estas sorpresas tan desagradables?

Primero, nosotros necesitamos entender el verdadero significado del amor romántico. Quizás las respuestas a nuestro cuestionario nos ayude a cumplir con ese objetivo.

*Creencias
acerca
del amor*

2

Creencias acerca del amor

Tópico 1: "El amor a primera vista" ocurre entre algunas personas —verdadero o falso?

Aunque algunos lectores no estén de acuerdo conmigo, el amor a primera vista es física y emocionalmente imposible. ¿Por qué? Porque el amor no es simplemente un sentimiento de emoción romántica; va más allá de la atracción sexual intensa; excede la emoción de "alcanzar" una posición social alta. Son emociones que pueden ser desatadas a primera vista, pero no constituyen el amor. Yo quisiera que el mundo entero conociera esta realidad. Esos sentimientos temporales difieren del amor en que ellos han puesto su mira. ¿Qué me está pasando? ¡Esto es lo más fantástico que me ha pasado! ¡Creo que estoy enamorado!

Usted ve, estas emociones son egoístas en el sentido de que están motivadas por nuestra propia gratificación. Tienen poco que hacer por el nuevo novio. Semejante a una persona que no está enamorada de otra persona; *¡sino que está enamorada del amor!* y la diferencia entre las dos es enorme.

Las canciones populares en el mundo de la música de los adolescentes revelan una vasta ignorancia del significado del amor. Un inmortal número musical afirma: "Antes que el baile terminara, yo sabía que te amaba". Yo me pregunto si el cantante de boleros mantendría esto mismo mañana por la mañana. Otros confiesan: "Yo no sé qué hacer", entonces susurran, "¡Yo te amo!" ¡Ésta realmente es la que más me ha impactado! La idea de un compromiso para toda la vida en completa confusión, parece un poco inestable, hasta en el mejor de los casos.

The Partridge Family grabó una canción, la cual daba muestras de mal entendimiento del amor real, decía así: "Hoy me desperté enamorado porque dormí pensando en ti". Como usted ve, el amor en este caso es una representación mental y esto es lo que va a permanecer. Finalmente, un grupo de música rock en los años sesenta llamado *The Doors* ganó el premio por el número musical más ignorante de todo el siglo; llamado "Hola, yo te amo, no me dirás tu nombre".

¿Sabía usted que la vida del matrimonio basado en el afecto romántico es una novedad en las relaciones amorosas? 1200 A.C. las bodas eran preparadas por la familia de la novia y del novio, y no estaba supuesto que ninguno de los dos estuviera enamorado. En realidad el concepto del amor romántico fue popularizado por William Shakespeare. Hay veces que yo quisiera que el viejo inglés estuviera aquí para que nos ayudara a resolver el desorden que él inició.

El verdadero amor, en contraste con el concepto popular, es una expresión del más profundo aprecio por otro ser humano; es un gran conocimiento de sus necesidades y anhelos por el pasado, presente, y futuro. Es desinteresado, bondadoso y ofrece protección. Y créame estas no son actitudes de alguien enamorado a primera vista, sin embargo están cayendo en un foso.

Yo he desarrollado un gran amor por mi esposa a través de toda la vida, pero no es algo espontáneo. Lo he cultivado y ese proceso toma tiempo. Yo la conocí antes y pude apreciar la profundidad y la estabilidad de su carácter, la pude conocer con los matices de su personalidad, los cuales yo ahora aprecio. La familiaridad en la cual el amor ha florecido, simplemente no puede ser generada en "una noche encantada... a través de un salón repleto". No se puede amar algo desconocido, no importa cuán atractivo, sexy o guapo sea.

Tópico 2: Es fácil de distinguir el amor verdadero del enamoramiento —¿verdadero o falso?

La respuesta otra vez es falso. El desenfreno al principio de una aventura romántica acarrea una marca para toda la vida. Simplemente, trate de decirle a un joven sentimental y soñador de dieciséis años que no está realmente enamorado —que solamente está ilusionado—. Él sacará de repente su guitarra y te cantará una canción acerca del "verdadero amor". Él sabe lo que siente, y lo que siente es grato. Pero mejor disfruta el viaje en la montaña rusa mientras dure, porque está predestinado a terminar.

Yo tengo que recalcar este punto con el mayor de los énfasis: El regocijo del enamoramiento no es *nunca* una condición permanente. ¡Punto! Si esperas vivir en la cima de la montaña año tras año, te puedes olvidar de eso. Las emociones oscilan de altas a bajas en un ritmo cíclico y como el entusiasmo romántico es una emoción, éste también, por supuesto, oscilará. Si la emoción del encuentro sexual es identificada como amor genuino, entonces la desilusión y la decepción están tocando a la puerta.

*¿Cuántas parejas jóvenes son vulnerables a
enamorarse en la primera cita, y se encuentran
atrapados en el matrimonio antes que haya
progresado el vaivén de sus emociones
desde su primer encuentro?*

¿Cuántas parejas jóvenes son vulnerables a enamorarse en la primera cita y se encuentran atrapados en el matrimonio antes que haya progresado el vaivén de sus emociones desde su primer encuentro? Después, despiertan una mañana sin un sentimiento claro y concluyen que el amor ha muerto. En realidad nunca estuvo en primer lugar. Ellos se engañaron por una emoción "alta".

He tratado de explicar estas características de sube-y-baja de nuestra naturaleza psicológica a un grupo de cien parejas jóvenes casadas. Durante el período de discusión, alguien preguntó a un hombre joven del grupo, por qué él se había casado tan joven, y él contestó: "Porque yo no supe de esa línea ondulada hasta que era muy tarde". ¡Ay! Esto es verdadero. Esa línea ondulada tiene atrapado a más de un joven romántico.

La "línea ondulada" es manipulada hacia arriba y hacia abajo por las circunstancias de la vida. Incluso cuando un hombre y una mujer se aman profunda y genuinamente, ellos se pueden encontrar a sí mismos sobrecargados en una ocasión y emocionalmente blandos en otras. Usted ve, su amor no está determinado por las altas y bajas, pero está subordinado a una *entrega de sus voluntades.* La estabilidad viene de esta determinación incontenible de hacer el matrimonio un éxito y mantener la llama resplandeciente *a pesar de las circunstancias.*

Desafortunadamente, no todos están de acuerdo con el divinamente inspirado concepto del matrimonio permanente. Hemos escuchado a la ilustre antropóloga doctora Margaret Mead abogar a favor del matrimonio a prueba en los jóvenes; nosotros hemos hecho propaganda de aceptar el matrimonio comunitario y el contrato matrimonial y la convivencia. Incluso nuestra música ha reflejado nuestra búsqueda a tientas, sin propósito, de una relación novedosa entre el hombre y la mujer.

Una idea tonta es que el amor romántico sólo puede sobrevivir en ausencia de un compromiso permanente. El cantante Glen Campbell tradujo su pensamiento a la música en su una vez popular canción titulada "Gentle on my mind" (Algo agradable en mi pensamiento). Parafraseando la lírica, él decía que el matrimonio no era la firma en tinta de colores estampada en algún certificado de matrimonio, que mantenía en su enrollada ropa de cama escondida detrás del sofá en su hogar de enamorados; era sabido que él podía irse y dejarla en cualquier momento que deseara —que ella no podía meterse en su escondite—. Había libertad de abandonarla o mantenerla "agradable en su mente".

Qué idea tan ridícula pensar que existe una mujer, la cual puede dejar a su amado ir y venir sin sentimientos de pérdida, rechazo o abandono. Qué ignorante es el poder del amor (y el sexo) que nos hace "una carne", desgarrando y despedazando esa carne inevitablemente en el momento de la separación.

Y por supuesto, la canción del hermano Campbell no decía nada del niño que va a nacer producto de aquella relación, cada uno preguntándose si papá estará ahí mañana por la mañana, si él le ayudará a pagar las cuentas o si vendrá por la vía del ferrocarril tomando sorbos de café y pensando restrospectivamente en sus buenos pensamientos. Usted no podrá ver a esta pequeña mujer parada en la entrada de la casa con sus niños agitando un pañuelo y diciendo: "Adiós, querido. Pasa por casa cuando puedas".

Retornemos a la pregunta anterior: si un amor genuino está arraigado a un compromiso voluntariamente, ¿cómo uno puede saber cuándo éste llega? ¿Cómo puede distinguirse del enamoramiento temporal? ¿Cómo pueden ser interpretados los sentimientos si éstos son informales e inconstantes?

Hay sólo una respuesta para esas preguntas: *Esto toma tiempo.* El mejor consejo que puedo darle a una

El mejor consejo que puedo darle a una pareja que está considerando el matrimonio es este: No hacer decisiones importantes que conforman la vida rápida o impulsivamente, y cuando haya duda deténganse un tiempo.

pareja que está considerando el matrimonio (o cualquier otra decisión importante) es este: no hacer decisiones que conforman la vida rápida o impulsivamente y cuando haya duda, deténganse un tiempo. Esta no es una mala sugerencia para aplicarla todos nosotros.

Tópico 3: Las personas que verdaderamente se aman no pelean ni discuten —¿verdadero o falso?

Yo dudo si esta pregunta requiere una respuesta. Algunos conflictos en el matrimonio son inevitables como el amanecer, incluso en matrimonios que se aman. Hay un diferencia, sin embargo, entre el combate saludable y el enfermizo, dependiendo de la manera en que se maneje la discusión. En un matrimonio inestable, la ira es arrojada directamente sobre la pareja. Al enemigo, "el mensaje" le golpea el corazón y su autoestima y le produce una intensa agitación interna:

"¡Nunca haces nada bien!"

"¿Por qué me casé contigo?"

"¿Cómo puedes ser tan estúpido (o irrazonable o injusto)?"

"¡Cada día te pareces más a tu madre!"

Los cónyuges heridos, con frecuencia responden de igual manera, devolviendo cada comentario odioso y severo según lo pueda inventar, matizados con lágrimas y blasfemias. El propósito reconocido de este tipo de lucha interna es lastimar y lo logra. Las palabras hirientes nunca se olvidarán, aunque hayan sido pronunciadas en un momento de ira irracional. Tal pelea no es sólo enfermiza; es atroz y destructiva. Erosiona la relación matrimonial y la puede destruir fácilmente.

Por otro lado, los conflictos sanos se mantienen enfocados en el hecho que los originó. El mensaje se centra en el hecho y se deja saber a la pareja lo que está mal, pero él o ella no son el principal objetivo:

"Estoy preocupado por estas cuentas".

"Me molesta cuando no sé que vas a llegar tarde a cenar".

"Estoy apenado por lo que dijiste en la fiesta anoche; me sentí ridículo".

Cualquier área de lucha —preocupación, ira, pena—, puede ser emocionalmente tirante, pero puede ser mucho menos dañino al ego de ambos esposos si ellos enfocan la discusión en el hecho y la tratan de resolver juntos. Una pareja sana puede manejar los problemas con arreglos y negociaciones. Aun habrá dolor y herida, pero los esposos tendrán pocos dardos encajados para arrancar la mañana siguiente.

La habilidad de luchar correctamente debe ser el concepto más importante para ser aprendido por los recién casados. Quienes nunca comprenden la técnica, usualmente les quedan dos opciones: (1) tornar la ira y el resentimiento en silencio interior, donde se enconará y acumulará a través de los años, o (2) estallar contra la integridad de su compañero. El divorcio está bien representado por las parejas en las dos categorías.[1]

Tópico 4: Dios selecciona a una persona en particular para que nos casemos y Él nos guiará juntos —¿verdadero o falso?

Un joven a quien yo estaba aconsejando, una vez me dijo que él se despertó a media noche con la fuerte impresión de que Dios quería que él se casara con una joven con la cual él había salido informalmente sólo dos o tres veces. Ellos no estaban juntos en ese momento y apenas se conocían. La mañana siguiente, él la llamó y le transmitió el mensaje que suponía Dios le había enviado durante la noche. La joven se imaginó que no debía discutir con Dios y aceptó la proposición. ¡Ellos ahora tienen siete años de casados y han luchado por sobrevivir desde el día de su boda!

Todo el que cree que Dios garantiza un matrimonio afortunado a cada cristiano recibirá un susto. Esto no quiere decir que Él no está interesado en escoger a un compañero, o que Él no responderá a una oración específica de guía en esta decisión de suma importancia. Por supuesto, su voluntad sería buscada en un asunto tan importante, yo le consulté repetidamente antes de proponérselo a mi esposa.

Sin embargo, yo no creo que Dios prepara un servicio de casamiento de rutina para cada uno que le adora. Él nos da criterios, sentido común y poder discrecional, y Él espera que nosotros ejercitemos esas habilidades en los asuntos del matrimonio.

Los que creen de otro modo son, probablemente, los que van al matrimonio fácilmente, pensando que "Dios no lo hubiera permitido si Él no lo aprobara". A semejante persona confiada yo sólo le digo: "Muchísima suerte".

Tópico 5: Si una pareja se ama genuinamente, las privaciones y los problemas afectan muy poco o no afectan su relación —¿verdadero o falso?

Otro concepto erróneo del significado del "amor verdadero" es que tiene que mantenerse como el Peñón de Gibraltar contra las tormentas de la vida. Mucha gente cree que el amor, aparentemente, está destinado a vencerlo todo. El grupo musical *The Beatles* respalda esta idea con su canción, "Todo lo que necesitamos es amor, amor, amor es todo lo que necesitamos". Desafortunadamente necesitamos un poquito más.

Como mencioné anteriormente, yo he servido en el personal que atiende a los niños en el Hospital Infantil de Los Ángeles. Hemos visto numerosos problemas genéticos y metabólicos a través de los años, muchos de los cuales comprenden retraso mental. El impacto emocional de un diagnóstico como éste en las familias es a veces devastador. Incluso en matrimonios estables y que se aman, la culpa y la decepción de haber tenido un niño "imperfecto" a veces abre una brecha de aislamiento entre los afligidos padres. En forma parecida el amor puede debilitarse por las privaciones, enfermedades, mal funcionamiento de los negocios o la separación prolongada.

En breve, concluimos que el amor es vulnerable al dolor y al trauma, y a veces se tambalea cuando es agredido por la vida.

Tópico 6: Es mejor casarse aunque sea con la persona equivocada, que mantenerse soltero y solo toda la vida —¿verdadero o falso?

Otra vez la respuesta es falso. Generalmente, es menos doloroso estar buscando poner fin a la soledad que estar involucrado en una lucha emocional por un amargo matrimonio. Sin embargo, la amenaza de ser una solterona (un término que detesto) provoca que muchas jóvenes agarren el primer tren que pase por el camino del matrimonio. Y lo más frecuente es que ofrece un pasaje de ida al desastre.

El miedo a no encontrar nunca un compañero provoca, en una persona soltera, que ignore sus mejores criterios y ponga en peligro sus propias normas. Una joven, particularmente, puede discutir consigo misma de esta forma: "Juan no es cristiano, pero yo puedo influir en él después que nos casemos. El toma mucho, pero esto probablemente sea porque es joven y despreocupado. No tenemos mucho en común, pero estoy segura de que aprenderemos a amarnos según pase el tiempo. Además, ¿qué será peor que vivir sola?

*Cuando uno da el paso al matrimonio a pesar
de las obvias banderas de aviso, uno está
jugando con los años que le quedan de
existencia terrenal.*

Este tipo de razonamiento está basado en la desesperada posibilidad de un milagro matrimonial, pero el desenlace de los libros de cuentos no son comunes en la vida diaria. Cuando uno da el paso al matrimonio a pesar de las obvias banderas de aviso, uno está jugando con los años que le quedan de existencia terrenal.

Para los lectores que hoy están solteros, *por favor* créanme cuando les digo que ¡un mal matrimonio es la experiencia más lamentable de la tierra! Está lleno de rechazo, sentimientos de dolor, aborrecimiento, gritos, niños destruidos y noches de insomnio. Sin embargo, un paseo solitario para una persona soltera puede hacerle la vida significativa y satisfactoria; al menos no involucra "una casa dividida contra sí misma".

Tópico 7: No es perjudicial mantener relaciones sexuales antes del matrimonio si la pareja tiene una significativa relación —¿verdadero o falso?

Este tópico representa el más peligroso de los conceptos erróneos acerca del amor romántico, no sólo para el individuo sino para nuestro futuro como país. Durante los últimos años hemos presenciado la trágica desintegración de nuestras normas y conceptos tradicionales de la moralidad. Respondiendo a una constante arremetida por la industria del entretenimiento y por los medios de comunicación, nuestro pueblo ha empezado a creer que las relaciones sexuales prematrimoniales son una noble experiencia, que los encuentros extramatrimoniales son saludables, la homosexualidad es aceptable, y la bisexualidad incluso mejor. Esas ideas —calificadas como "la nueva moralidad"— reflejan la estupidez sexual de la época en que vivimos, y hasta la han creído y las aplican millones de ciudadanos estadounidenses.

Un estudio reciente de alumnos universitarios reveló que veinticinco por ciento ha compartido cuartos con alguien del sexo opuesto al menos por tres meses. De acuerdo con la *Comunidad Universitaria y Estilo de Vida*, sesenta y seis por ciento de los estudiantes universitarios han declarado que creen que la relación prematrimonial es aceptable entre dos personas que estén de acuerdo o "cuando una pareja ha tenido otras relaciones anteriores y se aman".

Yo nunca me he considerado un profeta de condenación, pero lo cierto es que estoy alarmado por las evidencias estadísticas de esta naturaleza. Yo veo esta tendencia con temor e inquietud, viendo en ellos la muerte potencial de nuestra sociedad y nuestra forma de vida.

La humanidad ha sabido intuitivamente, al menos por cincuenta siglos, que la actividad sexual indiscriminada representa doble amenaza: a la supervivencia del individuo y de la colectividad. Y la historia lo demuestra. El antropólogo J.D. Unwin dirigió un estudio exhaustivo de las ochenta y ocho civilizaciones que han existido en la historia del mundo. Cada cultura ha reflejado un ciclo similar, empezando con un estricto código de conducta sexual y terminando con la demanda de la completa "libertad" de expresar las pasiones individuales. Unwin informó que toda sociedad que permite ampliamente el sexo, va rápidamente a perecer. No hay excepciones.[2]

¿Por qué usted supone que nuestro impulso reproductivo es relevante para la supervivencia cultural? ¡Es porque la energía que tiene una persona a la vez es naturaleza sexual! La atracción física entre una pareja los provoca a estabilizar una familia y dedicarse a su desarrollo. Esto les anima a trabajar y ahorrar para asegurar la sobrevivencia de su familia. Su energía sexual los provee de ímpetus para criar hijos saludables y para transmitirles los valores de una generación a otra.

La energía sexual impulsa al hombre a trabajar cuando él preferiría jugar. Le provoca a una mujer ahorrar cuando preferiría gastar. En breve, el aspecto sexual de nuestra naturaleza —cuando es liberada exclusivamente

*El nacimiento ilegítimo, la angustia, las esperanzas
frustradas, los abortos, las enfermedades, hasta
la muerte, éstos son el verdadero vómito de
la revolución sexual, y estoy harto de
escuchar que es romántico y sublime.*

dentro de la familia—, produce estabilidad y responsabilidad como no ocurriría de otra manera. Cuando una nación está compuesta por millones de fieles, unidades de familias responsables, toda la sociedad es estable, responsable y resistente.

Si la energía sexual dentro de la familia es la clave para una sociedad sana, entonces si opera fuera de los límites es catastrófico. La mera fuerza que los ata se convierte en su propia destrucción.

Quizás este punto pueda ilustrarse con una analogía entre la energía sexual en el núcleo familiar y la energía física en el núcleo de un minúsculo átomo. Los electrones, neutrones y protones se mantienen en perfecto equilibrio por una fuerza eléctrica que hay en cada átomo. Pero cuando ese átomo y sus vecinos se dividen en una fisión nuclear (como en la bomba atómica), la energía que mantenía la estabilidad interna se escapa con increíble poder y destrucción. Existe gran razón para creer que esta comparación entre el átomo y la familia es más que incidental.

Quién puede negar que una sociedad es debilitada seriamente cuando el impulso sexual entre hombres y mujeres se convierte en instrumento de sospecha e intriga entre millones de familias:

- cuando una mujer nunca sabe lo que su esposo está haciendo fuera del hogar;

- cuando un esposo no puede confiar en su esposa en su ausencia;

- cuando la mitad de las novias van embarazadas al altar;

- cuando los recién casados han dormido con numerosas parejas, perdiendo la exquisitez del lecho matrimonial;

- cuando cada uno está haciendo lo suyo, lo que trae su inmediata satisfacción sensual.

Desafortunadamente, la víctima más destruida de una sociedad inmoral de esta naturaleza es el vulnerable niño, el que escucha a sus padres gritar y discutir. Sus tensiones y frustraciones se desbordan dentro de su mundo, y la inestabilidad de su hogar le deja feas cicatrices en su mente infantil. Luego él ve a sus padres separarse furiosos y le dice "adiós" al padre que él necesita y ama.

O quizás podemos hablar de miles de niños que nacen de madres adolescentes sin casarse, cada año, muchos de ellos no conocerán el significado de un hogar cálido. O a lo mejor podríamos discutir el azote desenfrenado de las enfermedades venéreas, incluyendo el mortal virus del SIDA, el cual ha alcanzado proporciones epidémicas.

El nacimiento ilegítimo, la angustia, las personalidades frustradas, los abortos, las enfermedades y hasta la muerte, éstos son el verdadero vómito de la revolución sexual, y estoy harto de escuchar que es romántico y sublime. Dios tiene claramente prohibido el comportamiento sexual irresponsable, no para privarnos de diversión y placer, sino para evitarnos las consecuencias desastrosas de esta enconada forma de vida. Aquellos individuos y aquellas naciones que elijan desafiar Sus mandamientos en este asunto pagarán un precio caro por su locura.

Tópico 8: Si una pareja está genuinamente enamorada esta condición permanecerá toda la vida —¿verdadero o falso?

El amor, incluso el amor genuino, es algo frágil. Tiene que mantenerse y protegerse para sobrevivir. El amor puede perecer cuando un hombre o una mujer trabajan los siete días de la semana, cuando no tienen tiempo para una actividad romántica, cuando olvidan

El romance en los adolescentes es una parte emocionante del crecimiento, pero rara vez llena los requisitos para las relaciones más profundas que componen el matrimonio de éxito.

cómo hablarse el uno al otro. El lado fuerte en una relación amorosa puede enfriarse por las presiones de la rutina diaria, como yo lo experimenté durante los primeros tiempos de mi matrimonio con Shirley. Yo trabajaba tiempo completo y estudiaba en la universidad del Sur de California tratando de terminar mi doctorado. Mi esposa enseñaba en una escuela y mantenía nuestro pequeño hogar.

Recuerdo claramente la noche que comprendí lo que esa vida tan ocupada le estaba haciendo a nuestra relación. Nos seguíamos amando, pero hacía tiempo que nos faltaba el ánimo cálido y la cercanía. Mis libros de texto fueron puestos a un lado aquella noche y salí a caminar. El semestre siguiente no me comprometí tanto en la escuela y pospuse mis metas académicas para preservar aquello que yo valoraba más.

¿En qué lugar usted pone su matrimonio en su escala de valores? ¿Le corresponde las sobras y los restos del ocupado programa, o es algo de gran valor para ser preservado y apoyado? Este puede morir si se deja desatendido.

Tópico 9: Los noviazgos cortos son mejores —¿verdadero o falso?

La respuesta a este tópico está incluida en la respuesta al segundo tópico referente al enamoramiento. Los noviazgos cortos requieren decisiones rápidas acerca de compromisos para toda la vida, y eso es un asunto precario, en el mejor de los casos.

Tópico 10: Los adolescentes están más capacitados para el amor genuino que las personas mayores —¿verdadero o falso?

Si este tópico fuera verdadero, entonces estuviéramos fuertemente presionados para explicar por qué aproximadamente la mitad de los matrimonios de adolescentes terminan en divorcio en los primeros años. Por el contrario, el tipo de amor que he descrito: desinteresado, bondadoso, preocupado del compromiso reuniere una dosis considerable de madurez para que funcione. Y la madurez es algo parcial en la mayoría de los adolescentes. El romance en los adolescentes es una parte emocionante del crecimiento, pero rara vez llena los requisitos para las relaciones más profundas que componen el matrimonio de éxito.

Notas

1. Para más información acerca de cómo tratar con el conflicto en una forma saludable lea el libro de David Augsburger, *Caring Enough to Confront*, rev. ed. (Ventura, CA: Regal Books, 1980).

2. J.D. Unwin, *Sexual Regulations and Cultural Behavior*. Derechos de autor 1969 por Franf M. Darrow, P.O. Box 305, Trona, California 93562.

*Estoy
comprometido
contigo*

3

Estoy comprometido contigo

Los diez tópicos en este breve cuestionario son falsos, pero representan los diez conceptos erróneos más comunes acerca del amor romántico. A veces yo quisiera que el cuestionario fuera usado como base para emitir la licencia para el matrimonio: los que alcancen 9 ó 10 reúnen los requisitos con honores; los que obtengan de 5 a 8 correctas se requerirá que esperen seis meses más para casarse; los soñadores, confundidos que contesten 4 o menos correctamente se les recomendará celibato permanente. (En serio, lo que probablemente necesitamos es un curso intensivo para todo el que esté considerando el matrimonio.)

En conclusión yo quiero compartir las palabras que he escrito a mi esposa en una tarjeta en nuestro octavo aniversario. Lo que le he dicho puede que no se exprese en la misma manera que usted se lo comunicaría a su pareja. Espero, sin embargo, que mis palabras ilustren el "amor genuino e inflexible" que he descrito:

Para mi querida esposa Shirley en nuestro octavo aniversario.

Yo estoy seguro de que recuerdas las muchas ocasiones durante nuestros ocho años de matrimonio cuando las olas de amor y cariño se elevaron alto sobre la cresta, los tiempos cuando nuestros sentimientos eran casi ilimitados. Este tipo de emoción intensa no podía ser adquirida voluntariamente, aunque con frecuencia nos acompañaba un tiempo de felicidad. La sentimos cuando me ofrecieron mi primer puesto como profesional. La sentimos cuando el niño más precioso del mundo llegó al hogar procedente del Hospital de Maternidad Huntington. La sentimos cuando la Universidad de California me escogió para otorgarme mi diploma de doctorado. ¡Pero las emociones son extrañas! Nosotros sentimos casi lo mismo cuando un evento de tipo diferente sucedía. Cuando la amenaza de un desastre potencial llegaba a nuestras vidas. Lo sentimos muy parecido cuando un problema médico amenazó con posponer nuestros planes matrimoniales. Lo sentimos cuando el año pasado estuviste hospitalizada. Yo lo sentí intensamente cuando me arrodillé cerca de ti que estabas en estado inconsciente después de aquel aplastante accidente automovilístico. Estoy tratando de decir esto: ambas, la felicidad y las amenazas traen esa sensación de agobio y afecto por el dulce corazón de la persona amada. Pero el asunto es que la mayor parte de la vida no está hecha ni de desastres, ni de alegrías poco comunes; más bien está compuesta por la rutina, la calma y los acontecimientos diarios en los que participamos. Y durante estos momentos, disfruto de la tranquilidad y el amor sereno que actualmente sobrepasa la efervescente manifestación de muchas maneras. No es tan exuberante, quizás, pero fluye profundo y sólido. Yo me encuentro firme con este amor en este octavo aniversario. Hoy siento el cariño seguro y tranquilo que sale del corazón fiel. Quiero permanecer en tu "dulce corazón".

Cuando los acontecimientos nos acosan emocionalmente, disfrutamos la emoción y la excitación romántica. Pero durante la rutina de la vida, como la de hoy, mi amor se mantiene intacto, sin disminuir. Feliz Aniversario a mi maravillosa esposa.

Jim

La frase clave en mi nota a Shirley es: "Estoy comprometido contigo". Mi amor por mi esposa no ha volado de aquí para allá con el cambio del viento, por las circunstancias y las influencias del ambiente. Aunque mis inconstantes emociones fluctuaran de un extremo a otro, mi compromiso permanecerá anclado fuertemente.

Yo he escogido amar a mi esposa y esa elección es mantenida por una voluntad inexorable.

La inversión esencial del compromiso se pierde muy seriamente en muchos matrimonios modernos. Yo te amo, ellos parecen decir, mientras me sienta atraído por ti —o hasta que alguien no tenga mejor apariencia— o hasta que me convenga continuar la relación. Más tarde o más temprano, este amor sin echar anclas, desde luego se vaporizará.

"En lo bueno o en lo malo, en la riqueza o en la pobreza, en la enfermedad o en la salud, amarse y quererse, hasta que la muerte los separe..."

La familiar promesa del pasado todavía ofrece el fundamento más sólido en el cual edificar un matrimonio; en el que se encuentra el real significado del genuino amor romántico.

*Yo te amo, ellos parecen decir, mientras me sienta atraído
por ti ,o hasta que alguien no tenga mejor apariencia,
o hasta que me convenga continuar la relación.
Más tarde o más temprano este amor sin
echar anclas desde luego se vaporizará.*

*Ideas para
reflexión y
aprendizaje*

Ideas para reflexión
y aprendizaje

¿Está usted leyendo este libro solo? ¿Con un grupo de estudio? ¿Con su esposo/a? En cualquier circunstancia, el siguiente cuestionario en el que usted contesta sí o no, situaciones de la vida y estudio bíblico le ayudarán a trabajar con los puntos de vista del doctor Dobson mientras él trata los diez conceptos erróneos más comunes acerca del amor, romance, matrimonio. Prepárese con una Biblia, un lápiz, y una libreta y estará listo para trabajar con estas ideas para reflexión y aprendizaje.

Tópico 1: "El amor a primera vista" ocurre entre algunas personas —¿verdadero o falso?

1. ¿Está usted de acuerdo con los puntos de vista del doctor Dobson de que "el amor a primera vista es física y emocionalmente imposible? ¿Puede existir en

el modelo de relación descrito en Filipenses el "amor a primera vista"? ¿Por qué? ¿Por qué no?

> *Completad mi gozo, sintiendo lo mismo, teniendo el mismo amor; unánimes, sintiendo una misma cosa.*

> Filipenses 2:2

2. ¿Está usted de acuerdo con el doctor Dobson que las canciones populares ayudan a distorsionar el concepto del amor que tienen las personas? ¿Y las películas? ¿Y la televisión? ¿Y las revista de ficción? ¿Cómo usted explicaría la diferencia entre "enamorados y amor verdadero" y desarrollar una relación amorosa genuina con alguien? ¿Qué dice Colosenses 3:12-15 que hace el amor verdadero en un matrimonio?

> *Vestíos, pues, como escogidos de Dios, santos y amado, de entrañable misericordia, de benignidad, de humildad, de mansedumbre, de paciencia; soportándoos unos a otros, y perdonándonos unos a otros si alguno tuviera queja contra otro. De la manera que Cristo os perdonó, así también hacedlo vosotros. Y sobre todas estas cosas vestíos de amor, que es el vínculo perfecto. Y la paz de Dios gobierne en vuestros corazones, a la que asimismo fuisteis llamados en un solo cuerpo; y sed agradecidos.*

3. ¿Está el egoísmo involucrado en "el amor a primera vista"? ¿Por qué? ¿Por qué no? Para ideas sobre el amor y el egoísmo lea Filipenses 2:2-4.

> *Completad mi gozo, sintiendo lo mismo, teniendo el mismo amor, unánimes, sintiendo una misma cosa. Nada hagáis por contienda o por vanagloria; antes bien con humildad, estimando cada uno a los demás*

como superiores a él mismo, no mirando cada uno por lo suyo propio sino cada cual también por lo de los otros.

4. Lea por lo menos dos párrafos de lo expresado por el doctor Dobson acerca del "amor a primera vista" (página 23, el párrafo que empieza, "El verdadero amor..."). Enumere las razones por las que las palabras "tiempo" y "crecimiento" son importantes en el amor verdadero. Lea 1 Corintios 13:4-7 en diferentes versiones y anote las palabras y frases que usted entienda que están relacionadas con la idea de esperar un tiempo para crecer en el amor.

El amor es sufrido, es benigno; el amor no tiene envidia, el amor no es jactancioso, no se envanece; no hace nada indebido, no busca lo suyo, no se irrita, no guarda rencor; no se goza de la injusticia, mas se goza de la verdad. Todo lo sufre, todo lo cree, todo lo espera, todo lo soporta.

Tópico 2: Es fácil de distinguir el verdadero amor del enamoramiento —¿verdadero o falso?

1. ¿Está usted de acuerdo o no con el doctor Dobson en que: "El regocijo del enamoramiento *nunca* es una condición permanente"?

Discusión de ideas: ¿Es alguna relación, infalible a las altas y bajas? ¿Es cualquier situación permanente? ¿Puede alguien decir, "no cambiaré"? Lea las Escrituras siguientes:

Porque yo Jehová no cambio; por esto, hijos de Jacob, no habéis sido consumidos.

Malaquías 3:6

Jesucristo es el mismo ayer; y hoy, y por los siglos.

Hebreos 13:8

¿Cómo puede la invariabilidad de Dios fortalecer y dar estabilidad a una relación humana?

El consejo de Jehová permanecerá para siempre; los pensamientos de su corazón por todas las generaciones.

Salmo 33:11

2. Las siguientes afirmaciones del doctor Dobson le parecen como (1) no románticas; (2) extrañas; 3) falsas; (4) como una base sólida para el matrimonio. "La estabilidad (en el matrimonio) se produce por la determinación incontenible de hacer el matrimonio un éxito, y de mantener la llama brillante *a pesar de las circunstancias*". Explique su respuesta. ¿Cómo se pueden comparar los siguientes versículos con esta afirmación?

Pero el Dios de la paciencia y de la consolación os dé entre vosotros un mismo sentir según Cristo Jesús.

Romanos: 15:5

Por lo cual, animaos unos a otros, y edificaos unos a otros, así como lo hacéis.

1 Tesalonicenses: 5:11

3. De acuerdo al doctor Dobson, ¿cuál es el ingrediente necesario que hay que añadir antes de poder determinar realmente que la persona está experimentando,

enamoramiento o amor genuino? Proverbios 19:2 habla acerca de la sabiduría de tomar un tiempo para pensar antes de dar un paso importante: *El alma sin ciencia no es buena, y aquel que se apresura con los pies, peca.* ¿Cómo se puede aplicar para evaluar el enamoramiento y el verdadero amor? ¿Cuál es la incógnita?

Tópico 3. Las personas que verdaderamente se aman no pelean ni discuten —¿verdadero o falso?

1. "Algunos conflictos en el matrimonio son inevitables". ¿Cuál es la clave para mantener una zona de combate saludable? Lea los comentarios del doctor Dobson en los dos párrafos siguientes del Tópico 3. Para ideas adicionales lea los versículos siguientes:

> *La blanda respuesta quita la ira; mas la palabra áspera hace subir el furor.... El hombre iracundo promueve contiendas; mas el que tarda en airarse apacigua la rencilla.*

> Proverbios 15:1,18

> *El que comienza la discordia es como quien suelta las aguas; deja, pues, la contienda, antes que se enrede.*

> Proverbios 17:14

> *Airaos, pero no pequéis; no se ponga el sol sobre vuestro enojo, ni deis lugar al diablo.*

> Efesios 4:26-27

2. ¿Verdadero o falso? ¿Puede una pareja discutir y aún obedecer las enseñanzas de Efesios 4:31?

Quítense de vosotros toda amargura, enojo, ira, grite-ría y maledicencia, y toda malicia.

3. Discuta la diferencia entre estar enojado con su esposo/a y estar enojado o dolido por el problema que surgió. ¿Es siempre posible mantener las dos cosas separadas? ¿Qué guía para un conflicto constructivo puede usted encontrar en las siguientes Escrituras?

Pero si os mordéis y os coméis unos a otros, mirad que también no os consumáis unos a otros.

Gálatas 5:15

Y ante todo, tened entre vosotros ferviente amor; porque el amor cubrirá multitud de pecados.

1 Pedro 4:8

Confesaos vuestras ofensas unos a otros, y orad unos por otros para que seáis sanados. La oracion eficaz del justo puede mucho.

Santiago 5:16

Lea los versículos en todas la versiones posibles. Enumere tres ideas clave.

4. Si usted está en un grupo de estudio, solicite voluntarios para representar un argumento que de-muestre el principio: "conflicto saludable ... se mantiene enfocado en el evento que originó la discrepancia". Para cada representación escoja uno de los siguientes ejemplos:
"Estoy preocupado por esas cuentas".

"Me molesto cuando no sé que vas a llegar tarde a cenar".

"Me avergoncé por lo que dijiste en la fiesta anoche —me sentí necio".

Después de cada representación tome unos minutos para que el grupo completo evalúe: ¿Se mantuvo el argumento en el problema o pasó a ser personal?

Tópico 4: Dios selecciona una persona en particular para que nos casemos y Él nos guiará juntos —¿verdadero o falso?

1. ¿Cómo Dios nos ofrece ayuda para escoger una pareja para el matrimonio? Antes de decidir la respuesta lea las escrituras siguientes:

Clama a mí, y yo te responderé, y te enseñaré cosas grandes y ocultas que tú no conoces.

Jeremías 33:3

Buscad a Jehová y su poder; buscad su rostro continuamente.

1 Crónicas 16:11

Por nada estéis afanosos, sino sean conocidas vuestras peticiones delante de Dios en toda oración y ruego, con acción de gracias.

Filipenses 4:6

Y si alguno de vosotros tiene falta de sabiduría, pídala a Dios, el cual da a todos abundantemente y sin reproche, y le será dada. Pero pida con fe, no dudando nada; porque el que duda es semejante a la onda del mar, que es arrastrada por el viento y echada de una parte a otra. No piense, pues, quien tal haga, que recibirá cosa alguna del Señor. El hombre de doble ánimo es inconstante en todos sus caminos.

Santiago 1:5-8

¿Es la ayuda descrita en estos versículos general o específica?

2. ¿Qué nos revela la Biblia acerca de la voluntad de Dios para que un cristiano elija su pareja para el matrimonio?

No os unáis en yugo desigual con los incrédulos; porque ¿qué compañerismo tiene la justicia con la injusticia? ¿Y qué comunión la luz con las tinieblas?

2 Corintios 6:14

En su opinión, ¿qué es más importante: que un futuro compañero sea cristiano o que sea maduro, amable, paciente, etcétera? Exponga razones en su respuesta.

3. El doctor Dobson dice: "Todo el que crea que Dios garantiza un matrimonio exitoso para cada cristiano pasará un susto". ¿Qué usted cree que Él quiere decir con esta afirmación? ¿Está usted de acuerdo o no?

Tópico 5. Si una pareja se ama genuinamente, las privaciones y los problemas afectan muy poco o no afectan su relación —¿verdadero o falso?

1. ¿Está usted de acuerdo o no con la opinión del doctor Dobson de que el impacto emocional de los problemas pueden ser devastadores incluso en un matrimonio estable y que se ame? ¿Por qué? Exponga evidencias de la vida real (que usted haya observado) para basar sus puntos de vista.

2. ¿Qué recursos tienen las parejas cristianas para ayudarse a enfrentar las dificultades y manejar los problemas?

Mira que te mando que te esfuerces y seas valiente; no temas ni desmayes, porque Jehová tu Dios estará contigo en dondequiera que vayas.

Josué 1:9

La salvación es de Jehová; sobre tu pueblo sea tu bendición.

Salmo 3:8

Por lo tanto, de la manera que habéis recibido al Señor Jesucristo, andad en él; arraigados y sobreedificados en él, y confirmados en la fe, así como habéis sido enseñados, abundando en acciones de gracias.

Colosenses 2:6-7

Sed sobrios, y velad; porque vuestro adversario el diablo, como león rugiente, anda alrededor buscando a quien devorar; al cual resistid firmes en la fe, sabiendo que los mismos padecimientos se van cumpliendo en vuestros hermanos en todo el mundo. Mas el Dios de toda gracia, que nos llamó a su gloria eterna en Jesucristo, después que hayáis padecido un poco de tiempo, él mismo os perfeccione, afirme, fortalezca y establezca. A él sea la gloria y el imperio por los siglos de los siglos. Amén.

1 Pedro 5:8-11

3 . El doctor Dobson habla acerca de la "brecha de aislamiento" que un problema puede ocasionar entre los angustiados esposos (padre y madre). Identifique por lo menos tres principios que se dan en las siguientes Escrituras que puedan ayudar a cada miembro de la pareja en los tiempos de problemas y eliminar la "brecha de aislamiento".

Hijitos míos, no amemos de palabra ni de lengua, sino de hecho y en verdad.

Juan 3:18

Amados, amémonos unos a otros; porque el amor es de Dios. Todo aquel que ama, es nacido de Dios, y conoce a Dios.

1 Juan 4:7

Por lo cual, animaos unos a otros y edificaos unos a otros, así como lo hacéis.

1 Tesalonicenses 5:11

No mirando cada uno por lo suyo propio, sino cada cual también por lo de los otros.

Filipenses 2:4

4. Enumere formas de proteger el amor del "dolor y el trauma" de los problemas. De las siguientes porciones de las Escrituras, escoja algunas formas de proteger y fortalecer el amor, incluso cuando las cosas son difíciles:

Sobrellevad los unos las cargas de los otros, y cumplid así la ley de Cristo.

Gálatas 6:2

Gozaos con los que se gozan; llorad con los que lloran.

Romanos 12:15

Finalmente, sed todos de un mismo sentir, compasivos, amándoos fraternalmente, misericordiosos, amigables; no devolviendo mal por mal, ni maldición por maldición, sino por el contrario, bendiciendo, sabiendo que fuisteis llamados para que heredaseis bendición.

1 Pedro 3:8-9

¿En cuál de estas áreas usted necesita trabajar en su matrimonio? ¿Cuál requiere más cambio en usted?

Tópico 6. Es mejor casarse, aunque sea con la persona equivocada, que mantenerse soltero/a y solo/a toda la vida —¿verdadero o falso?

1. El doctor Dobson dice: "Es (usualmente) menos doloroso estar buscando poner fin a la soledad que estar involucrado en la lucha emocional de un agrio matrimonio". ¿Está usted de acuerdo o no? ¿Por qué?

2. ¿Las afirmaciones hechas en las referencias siguientes aprueban la soledad o el matrimonio con una "persona equivocada"?

> *Mejor es un bocado seco, y en paz, que casa de contiendas llena de provisiones.*

Proverbios 17:1

> *Más vale un puño lleno con descanso, que ambos puños llenos con trabajo y aflicción de espíritu.*

Eclesiastés 4:6

3. Enumere cinco sugerencias constructivas por medio de las cuales un hombre puede combatir la soledad. También exponga cinco formas específicas con las que una mujer puede llenar su vida con actividades significativas.

Enumere sus ideas bajo los títulos de: Enriquecimiento personal; Cuidando de otros; Descubriendo cosas nuevas; Crecimiento espiritual.

4. En 1 Corintios 7:8-9, el apóstol Pablo anima a los cristianos a mantenerse solteros, si es posible.

Digo, pues, a los solteros y a las viudas, que bueno les fuera quedarse como yo; pero si no tienen don de continencia, cásense, pues mejor es casarse que estarse quemando.

¿Qué ventajas disfrutan las personas solteras?

Tópico 7. No es perjudicial mantener relaciones sexuales antes del matrimonio si la pareja tiene una relación significativa —verdadero o falso?

1. Discuta formas específicas cómo la industria del entretenimiento y otros medios de comunicacion ven la relación sexual antes del matrimonio como aceptable entre dos personas que estén de acuerdo.

2. El doctor Dobson cita estudios antropológicos que muestran cómo todas las civilizaciones que van de un código estricto de conducta sexual a una completa "libertad sexual" terminan en desastre. ¿Cómo una sociedad puede imponer un código estricto de conducta social y aún conservar la libertad del individuo?

3. El doctor Dobson escribe: "Cuando una nación está compuesta por millones de fieles, unidades de familias responsables; toda la sociedad es estable, responsable y resistente. ¿Está usted de acuerdo o no? ¿Cómo corresponde esto a nuestra sociedad?

4. Tenga presente que la fornicación está definida como la relación sexual antes del matrimonio. Escriba un breve párrafo explicando el punto de vista bíblico de la relación sexual antes del matrimonio.

Porque de dentro, del corazón de los hombres, salen los malos pensamientos, los adulterios, las fornicaciones, los homicidios.

Marcos 7:21

Las viandas para el vientre, y el vientre para las viandas; pero tanto al uno como a las otras destruirá Dios. Pero el cuerpo no es para la fornicación, sino para el Señor, y el Señor para el cuerpo. Y Dios, que levantó al Señor, también a nosotros nos levantará con su poder. ¿No sabéis que vuestros cuerpos son miembros de Cristo? ¿Quitaré, pues, los miembros de Cristo y los haré miembros de una ramera? De ningún modo. ¿O no sabéis que el que se une con una ramera, es un cuerpo con ella? Porque dice: Los dos serán una sola carne. Pero el que se une al Señor, un espíritu es con él. Huid de la fornicación. Cualquier otro pecado que el hombre cometa, está fuera del cuerpo; mas el que fornica, contra su cuerpo peca. ¿O ignoráis que vuestro cuerpo es templo del Espíritu Santo, el cual está en vosotros, el cual tenéis de Dios, y que no sois vuestros? Porque habéis sido comprados por precio; glorificad, pues, a Dios en vuestro cuerpo y en vuestro espíritu, los cuales son de Dios.

1 Corintios 6: 13-20

Y manifiestas son las obras de la carne, que son: adulterio, fornicación, inmundicia, lascivia, idolatría, hechicerías, enemistades, pleitos, celos, iras, contiendas, disensiones, herejías, envidias, homicidios, borracheras, orgías, y cosas semejantes a estas; acerca de las cuales os amonesto, como ya os lo he dicho antes, que los que practican tales cosas no heredarán el reino de Dios.

Gálatas 5: 19-21

Mas todas las cosas, cuando son puestas en evidencia por la luz, son hechas manifiestas; porque la luz es lo que manifiesta todo.

Efesios 5:13

Tópico 8. Si una pareja está genuinamente enamorada esta condición permanecerá toda la vida —¿verdadero o falso?

1. El doctor Dobson afirma: "El amor, aunque sea genuino, es una cosa frágil. Tiene que ser mantenido y protegido para que sobreviva". Si usted está casado/a identifique y enumere de tres a cinco cosas que usted ha experimentado en su matrimonio que han exigido un gran esfuerzo en sus sentimientos amorosos. Enumere tres o cinco experiencias que definitivamente fortalecieron su amor por su pareja. (Si usted está comprometido/a o tiene novio/a formal, traten de conversar acerca de esto e identifiquen problemas que puedan exigir un gran esfuerzo en una relación amorosa en un matrimonio.)

2. Lea 1 Corintios 13:4-7 (vea el Tópico 1, pregunta 4, bajo el título Ideas para reflexión y aprendizaje) en todas las versiones posibles. De este pasaje bíblico escriba una regla para el fortalecimiento del amor.

3. Repasando rápidamente sus actividades de los recientes días. Basado en lo que usted ha hecho, decida dónde se encuentra su matrimonio en la escala de valores. ¿Está ocupando el tiempo sobrante de su recargado programa? O, ¿está usted tratando su matrimonio como algo de gran valor? Haga una lista de "cosas que hacer" para los próximos tres días. Incluya en su carga de trabajo, las demandas de la familia, etcétera ¿Su lista

"cosas que hacer" incluye tiempo con su pareja? ¿Le puede dar a ese tiempo la prioridad número uno? ¿Por qué? ¿Por qué no?

Tópico 9. Los noviazgos cortos son mejores —¿verdadero o falso?

1. Para pensar bien la validez de este tema use las preguntas, afirmaciones y la discusión de ideas del Tópico 2.

2. El doctor Dobson cree que seis meses es un tiempos corto para un noviazgo. En su opinión, ¿cuánto debe durar un noviazgo? ¿Podrían haber empleado más tiempo para conocerse mejor?

3. ¿Es posible que un noviazgo sea muy largo? ¿Por qué?

4. Si usted está casado/a, ¿qué aprendió acerca de la personalidad y el carácter de su pareja después de casados?

Tópico 10. Los adolescentes están más capacitados para el amor genuino que las personas mayores —¿verdadero o falso?

1. El amor genuino demanda cuidado por la otra persona, compromiso y entrega desinteresada de sí mismo. ¿Por qué para los adolescentes es difícil cumplir estas exigencias?

2. Compare la carta del aniversario del doctor Dobson a su esposa con Efesios 5:28-33.

Así también los maridos deben amar a sus mujeres como a sus mismos cuerpos. El que ama a su mujer, a sí mismo se ama. Porque nadie aborreció jamás a su propia carne, sino que la sustenta y la cuida, como también Cristo a la iglesia, porque somos miembros de su cuerpo, de su carne y de sus huesos. Por esto dejará el hombre a su padre y a su madre, y se unirá a su mujer y los dos serán una sola carne. Grande es este misterio; mas yo digo esto respecto de Cristo y de la iglesia. Por lo demás, cada uno de vosotros ame también a su mujer como a sí mismo; y la mujer respete a su marido.

¿Qué nos dice la Escritura en el pasaje de Efesios acerca de estar comprometidos el uno con el otro? Cuando usted está comprometido con alguien, ¿cómo se siente? ¿Qué usted dice y hace?

3. Lea Génesis 2:24. *Por tanto, dejará el hombre a su padre y a su madre, y se unirá a su mujer; y serán una misma carne.*

Discuta: ¿Qué significa una sola carne? Enumere maneras específicas en las que usted y su pareja son una misma carne.

Conclusión:
Interpretación
de impresiones

5

Conclusión: Interpretación de impresiones

¿Cómo podemos conocer la voluntad específica de Dios para nosotros con respecto al amor romántico en nuestras vidas? ¿Hemos sido llamados a celibato y soltería? ¿Si el matrimonio está en perspectiva, cómo podemos estar seguros de que estamos escuchando a Dios al escoger a nuestra pareja para toda la vida? Según como determinemos la voluntad de Dios en esta área de nuestra vida puede ser la decisión más importante que nosotros como cristianos confrontemos, la clave es obedecer —por tanto alcanzaremos la felicidad conyugal.

¿Recuerda el ejemplo que le puse en el capítulo 4 acerca del hombre joven que se despertó soñando a media noche, un sueño que lo convenció de que Dios lo llamaba al matrimonio con una joven en particular? También le hablé de que habían soportado un matrimonio desgraciado por años. Este matrimonio fue basado en la "interpretación de una impresión", la cual resultó ser una terrible "mala interpretación".

¿Por qué? ¿No estaba ese joven buscando la voluntad de Dios en su vida? ¿No quería esta joven ser obediente en lo que ella pensó que era la voluntad de Dios para ella? Ambas respuestas son sí; pero, desafortunadamente, el deseo de servir y obedecer a Dios tiene que ser guiado por algo más que una vaga impresión.

Es verdad que Dios puede y habla directamente al corazón. Y también es verdad que este es el propósito expreso del Espíritu Santo, tratar con el ser humano en una forma más personal e íntima, convenciendo, dirigiendo, e influyendo. Sin embargo parece que algunas personas encuentran muy difícil de distinguir la voz de Dios de otros sonidos interiores.

Hemos dicho en 2 Corintios 11:14 que el diablo viene como "un ángel de luz", lo que significa que simula el trabajo del Espíritu Santo. Tenemos que reconocer que él ha ganado la reputación de "el padre de mentiras" a expensas de aquellos que él tiene condenados. No tengo dudas de que él a veces utiliza impresiones destructivas como herramienta en sus propósitos diabólicos. El cristiano que acepta sus propias impresiones tales como vienen —sin discernir— es extremadamente vulnerable a la malicia satánica.

Es también importante recordar que nuestros impulsos y pensamientos son vulnerables a nuestra condición física y a la situación psicológica en un momento dado. ¿No han notado que sus impresiones así como el amor que pueda o no " sentir" hacia su esposo/a, o cuán atractivo o no puede parecer un miembro del sexo opuesto son afectadas por la cantidad de horas dormidas la noche anterior, el estado de su salud y muchas otras razones que afectan el proceso de hacer decisiones? Nosotros estamos atrapados en esos "recipientes

La mente humana muchas veces quiere
convencerse a sí misma de algo, para
obtenerlo a su manera.

de barro" y nuestra percepción está necesariamente influenciada por nuestra condición humana.

Además, nuestras impresiones pueden ser interpretadas por nuestro "quiero", lo cual me recuerda al ministro que recibió una llamada para servir en una iglesia mucho más grande que la que nunca había esperado dirigir. Él respondió: "Oraré por esto mientras mi esposa empaca".

Es muy difícil separar el "quiero" de nuestra interpretación de la voluntad de Dios. La mente humana muchas veces quiere obedientemente convencerse a sí misma de algo, para obtenerlo a su manera. Quizás el ejemplo más impresionante de este autoengaño ocurrió con una pareja joven quienes decidieron tener relaciones sexuales antes del matrimonio. Ya que el joven hombre y la muchacha fueron criados en la iglesia, ellos tenían que encontrar una forma de atenuar su culpabilidad por este imponente acto. Así que, actualmente ellos se han arrodillado y han orado por lo que hicieron, y recibieron la "seguridad" de que ¡todo estaría bien para continuar!

También conocí a una familia que estaba destruida por una impresión que no podía pasar como un simple examen: ¿Está correcto? Aunque tenían cuatro niños, la madre sintió que era "llamada" a dejarlos y a entrar tiempo completo en un trabajo evangelístico. En breve, ella abandonó los niños, quienes la necesitaban muchísimo y los dejó al cuidado del padre que trabajaba seis o siete días a la semana.

La consecuencia fue devastadora. El más pequeño se quedaba despierto por las noches, llorando por su mamá. El mayor tuvo que asumir responsabilidades de adultos, para las cuales no estaba preparado. No había nadie en el hogar que enseñara, amara y guiara a la pequeña familia solitaria. Yo sencillamente no podía creer que las impresiones de la madre vinieran de Dios, ni tampoco escritural porque no es "correcto" dejar a los

*¿Cómo podemos conocer los propósitos y directivas
del Señor para nuestras vidas con respecto
al amor romántico y así evitar
situaciones destructivas?*

niños. Yo sospecho que ella tenía otros motivos para huir del hogar, y Satanás le proveyó una aparente y generosa explicación para cubrir su falta.

¿Cómo podemos conocer, entonces, los propósitos y la directiva del Señor para nuestras vidas con respecto al amor romántico y así evitar situaciones destructivas como las mencionadas anteriormente? En el amor romántico, como en cualquier aspecto de la vida, los puntos clave para recordar son:

- Muchos cristianos dependen exclusivamente de sus impresiones para determinar la voluntad de Dios.

- Por tanto, no todas las impresiones son válidas. Algunas son del Señor; otras son de Satanás; otras son probablemente hechas por nosotros mismos.

- Como es difícil determinar el origen de una impresión, podemos cometer un error fácilmente, aunque asumamos que es enviada por Dios.

- Nuestro Señor ha prometido aclararnos y "guiarnos con sus ojos". Por otro lado, Él quiere probar nuestras impresiones y directivas.

- Así que, cada impresión debe ser probada por cuatro criterios antes de ser aceptada como válida:

1. *¿Es escritural?* Este examen involucra más que tomar una caprichosa prueba del texto. Este significa estudiar todo lo que la Biblia enseña. Usar la concordancia, buscar en las Escrituras como hicieron los habitantes de Berea (vea Hechos 17:11). Evaluar tentativas inclinaciones contra la Palabra de Dios.

2. *¿Es correcto?* Cada expresión de la voluntad de Dios puede ser esperada para ajustarla a los principios universales de Dios de moralidad y decencia. Si una impresión pudiera resultar en la depreciación de los valores humanos o de la integridad de la familia o relacionado a los valores cristianos tradicionales, éstas tienen que ser examinadas con cautela.

3. *¿Es providencial?* El tercer examen requiere que cada impresión sea considerada a la luz de las circunstancias providenciales, tales como: ¿Están las puertas necesarias abiertas o cerradas? ¿Permiten las circunstancias llevar a cabo lo que yo creo que es la voluntad de Dios? ¿Está el Señor hablándome a través de los acontecimientos?

4. *¿Es razonable?* El criterio final por el cual se mide la voluntad de Dios se relaciona con lo apropiado de los hechos. ¿Tiene sentido? ¿Son consecuentes con el carácter que Dios requiere para ello? ¿Contribuirán al Reino estos actos?

- Satanás ofrecerá representaciones falsas de la voluntad de Dios, incluyendo astrólogos, brujas, médiums, falsos maestros, etcétera. Tenemos que evitar escrupulosamente estas alternativas y "mantenernos firmes en lo que es bueno".

- Habrá tiempos cuando la voluntad de Dios no estará muy clara para nosotros. Durante esas ocasiones nosotros esperamos mantener nuestra fe y "esperar en el Señor".

Últimamente, la comprensión de la voluntad de Dios requiere de un cuidadoso equilibrio entre la reflexión racional, por un lado, y las respuestas emocionales por otro. Cada cristiano tiene que encontrar ese equilibrio en su propia relación con Dios, cosechando las enseñanzas del Espíritu Santo.

*Una
posdata
personal*

6

Una posdata personal

Durante un encuentro matrimonial de un fin de semana en 1981, escribí una carta a mi esposa Shirley. Lo siguiente es una parte de la misma (menos algunas intimidades), la cual yo considero resume la profundidad del tipo de amor romántico que puede ser experimentado sólo entre dos personas que comparten un compromiso a través de sus vidas, con Dios y el uno con el otro.

¿Quién comparte más los recuerdos de mi juventud durante los cuales fueron establecidos los fundamentos del amor?

Yo te pregunto: Quién más puede ocupar el lugar que está reservado para la única mujer que estaba cuando me gradué de la universidad, me fui al ejército y regresé como estudiante de la USC y compré mi primer carro decente (y lo hice pedazos inmediatamente) y elegí contigo un anillo de bodas barato (y lo pagué con bonos de ahorros) y orábamos y le dábamos gracias a Dios por lo que teníamos.

Después, pronunciamos nuestros votos matrimoniales y mi padre oró: "Señor tú nos has dado a Jimmy y a Shirley como bebitos para que los amáramos y criáramos por un tiempo, y esta noche, te los devolvemos después de nuestra amorosa labor, no como dos personas separadas, sino como una". Y todos lloraron.

Después nos fuimos de luna de miel y gastamos todo nuestro dinero; vinimos al hogar, un apartamento lleno de arroz que tenía una campana sobre la cama, y justamente habíamos empezado.

Tú enseñabas segundo grado y yo a un grupo de sexto, de los cuales me enamoré, y especialmente de un niño llamado Norberto; obtuve el título de licenciatura y pasé el extenso examen para el doctorado. Compramos nuestro primer pequeño hogar, lo remodelamos, yo arranqué toda la hierba del patio y la enterré en un hueco de diez pies, el cual más tarde se hundió y parecía dos tumbas en el patio de enfrente; y mientras esparcía la basura para hacer un césped nuevo, accidentalmente "planté" ocho millones de semillas de fresno de nuestro árbol y dos semanas después, descubrí que teníamos un bosque creciendo entre nuestra casa y la calle.

Luego, ¡ay de mí! tú trajiste a nuestra hijita y la amamos muchísimo y la nombramos Danae Ann. Construimos un cuarto en nuestra pequeña casa y poco a poco lo llenamos de muebles. Luego entré a formar parte del personal que atiende a los niños en el Hospital Infantil de Los Ángeles, y me fue bien allí; pero todavía no tenía suficiente dinero para pagar nuestros estudios en la USC y otros gastos, por lo que vendimos (y nos comimos) un Volkswagen. Después logré un Ph.D (doctorado en Filosofía) y lloramos y dimos gracias a Dios por lo que teníamos.

En 1970, trajimos al hogar a un pequeño niño y lo nombramos James Ryan, lo amamos mucho también, y no durmió por seis meses. Después trabajé en un manuscrito titulado "Atrévete a disciplinar" entre una cosa u otra me tambaleé hacia atrás, bajo un torrente de reacciones favorables y unas pocas no tan favorables; recibí un pequeño cheque de regalía y pensé que era una fortuna e ingresé en la facultad de la Escuela de Medicina en la USC, y me fue bien. En poco tiempo me encontré yendo y viniendo por los pasillos del Hospital Huntington Memorial con un equipo de neurólogos de rostros ceñudos que examinaron tu sistema nervioso por indicios de un tumor en el hipotálamo y oré y supliqué a Dios que me dejara completar mi vida con mi compañera, y Él finalmente dijo: "Sí, por ahora". Y lloramos y dimos gracias a Dios por lo que teníamos.

Más tarde compramos una casa nueva y rápidamente la desbaratamos. Nos fuimos a esquiar a Vail, Colorado donde te desgarraste una pierna; yo llamé a tu mamá para contarle del accidente y ella me atormentó; nuestro pequeño Ryan había acabado con todo el pueblo de Arcadia. La construcción en la casa parecía continuar por siempre y cada sábado por la noche te parabas en la sala llena de escombros y llorabas por lo poco que se había hecho. Después, en el momento menos oportuno se aparecieron cien amigos y nos dieron una sorpresa por el estreno de la casa; había líquidos derramados, escombros, barro, aserrín, platos del cereal y pedazos de emparedados —y a la mañana siguiente con voz quejumbrosa preguntaste: "¿Pasó esto realmente?"

Publiqué un libro nuevo titulado Escondido o buscado (Hide or Seek) (¿Qué?) y todo el mundo lo llamó Escondido y buscado; el editor nos mandó a

Hawaii y parados en el balcón mirando vagamente la bahía, agradecimos a Dios lo que teníamos. Después publiqué Qué desean las esposas (What Wives Wish), el cual gustó mucho; los honores llegaron en abundancia y las solicitudes de oratoria por cientos. Después sufriste una riesgosa operación y dije: "Señor, ahora no". Y el doctor dijo: "No es cáncer", y lloramos y dimos gracias a Dios por lo que teníamos. Luego empecé el programa radial y tomé un permiso de ausencia del Hospital Infantil; abrí una pequeña oficina en Arcadia llamada "Enfoque a la Familia", la cual un radioyente de tres años le llamó "Empaque a la Familia" y logramos ser más conocidos. Después todos fuimos a la ciudad de Kansas de vacaciones y mi padre oró el último día y dijo: "Señor, nosotros sabemos que siempre no se puede estar de una manera tan maravillosa como ahora, pero te agradecemos el amor que disfrutamos hoy". Un mes después, sufrió un ataque al corazón y en diciembre dije adiós a mi gran amigo, y tú pusiste tu brazo sobre mí y me dijiste: "Yo estoy sufriendo contigo", y lloré y te dije: "Te amo".

Invitamos a mi madre a pasarse seis semanas con nosotros durante su período de recuperación y los tres sufrimos las más solitarias Navidades de nuestras vidas, la silla vacía y su ausencia en el lugar nos recordaba su suéter rojo, los juegos de dominó, las manzanas, un montón de libros complejos y un pequeño perro llamado Benji que se sentaba siempre en su regazo.

Pero la vida continuaba. Mi madre temblaba al pensar en el regreso y perdió quince libras de peso. Se mudó a California todavía dolida por la pérdida de su compañero. Más libros fueron escritos y más honores llegaron; nos hicimos más conocidos y nuestra influencia se extendió y dimos gracias a Dios por lo que teníamos.

Nuestra hija llegó a la adolescencia, y esta gran autoridad en niños supo que él era inadecuado, y se encontró solicitando ayuda a Dios para la imponente tarea paternal y Él nos la dio y le agradecimos que compartiera su sabiduría con nosotros. Después, un pequeño perro salchichas llamado Siggie, ya viejo y sin dientes, tuvimos que dejarlo con el veterinario, y quince años de aventura amorosa entre un hombre y un perro terminaron con un quejido. Pero un cachorro llamado Mindy llegó a la puerta del frente y la vida continuó.

Más tarde, una serie de películas se produjeron en San Antonio, Texas, y nuestro mundo se volvió al revés a como nosotros lo habíamos proyectado; "Empaque a la Familia" se expandió en nuevas direcciones y la vida se hizo más ocupada y agitada y el tiempo se hizo más precioso.

Alguien nos invitó a un encuentro matrimonial de un fin de semanas, donde estoy en estos momentos. ¡Te pregunto! ¿Quién va a ocupar tu lugar en mi vida? Tú te has hecho yo y yo me he hecho tú. Somos inseparables. ¡He pasado cuarenta y seis por ciento de mi vida contigo y no puedo acordarme mucho del primer cincuenta y cuatro por ciento! Ni una de las experiencias que he enumerado pueden ser comprendidas por alguien, excepto por la mujer que las vivió conmigo. Esos días se han ido, pero su aroma se dilata en nuestras mentes. Y con cada acontecimiento durante estos veintiún años, nuestras vidas han sido más entrelazadas —culminando en este cariño maravilloso que mantengo por ti hoy.

¿No es de extrañarse que yo pueda leer en tu rostro igual que en un libro cuando nos encontramos en una multitud? El ligero parpadeo de tus ojos me dice todo lo que está pasando por tu mente. Mientras abres tu regalo de Navidad, yo sé instantáneamente si te gusta el color o el estilo del regalo, porque no puedes ocultarme tus sentimientos.

Yo te amo, S.M.D. (¿recuerdas el monograma de la camisa?), amo a la joven que creyó en mí antes que yo creyera en mí mismo. Amo a la joven que nunca se quejó por las enormes cuentas de la escuela y los libros, ni por el caluroso apartamento con deteriorados muebles alquilados, tampoco por no tener vacaciones, y por el pequeño y humilde Volkswagen. Tú has estado conmigo, animándome, amándome y apoyándome desde el 27 de agosto de 1960. El lugar que me has dado en nuestro hogar es más de lo que yo merezco.

Entonces, ¿por qué quiero seguir viviendo? Porque yo tengo que hacer ese viaje contigo. De otra manera, ¿por qué hago el viaje? La mitad de la vida que nos queda promete ser más firme que los años anteriores. Esta es la naturaleza de las cosas, que mi madre se juntará algún día con mi padre, y así estarán sus restos descansando uno al lado del otro en Olathe, Kansas, sin mirar desde lo alto la colina azotada por el viento, por donde él caminaba con Benji y donde me grabó una cinta describiendo la belleza de ese lugar. Después, tendremos que decir adiós a tus padres. Se habrá ido la mesa de juegos donde jugábamos, el ping pong, los dardos en el césped, la risa de Joe y el maravilloso jamón de Alma para la cena, y sus subrayadas tarjetas de cumpleaños, así como la pequeña casa amarilla de Long Beach. Cada cosa grita "¡No!" dentro de mí, pero la oración final de mi padre es válida aún: "Nosotros sabemos que esto no puede ser siempre como es ahora". Cuando llegue el momento, nuestra niñez se interrumpirá —cortada por la partida de nuestros queridos padres que nos dieron el ser.

Entonces, ¿qué mi dulce esposa? ¿Quién me consolará y confortará? ¿A quién yo puedo decir

"¡estoy dolido!" y saber que soy comprendido? ¿A quién me puedo volver cuando las hojas del verano comienzan a cambiar de color y caen? Cuánto he disfrutado la primavera y el calor del soleado verano. Las flores y la verde hierba, el cielo azul y el claro arroyo hemos saboreado en su totalidad.

Pero, ¡ay de mí! el otoño está llegando. Incluso, ahora puedo sentir un poquito de aire fresco, y trato de no mirar a la distancia una nube solitaria que pasa cerca del horizonte. Tengo que reconocer que el invierno se acerca —con su hielo, aguanieve y nieve para penetrarnos hasta los huesos. Pero en este caso, el invierno no va a estar seguido por un tiempo de primavera, excepto en la vida de gloria que viene. ¿Con quién, entonces, pasaré esta parte final de mi vida?

Nadie sino tú, Shirls. El único regocijo del futuro será experimentando esto como lo hemos hecho en los pasados veintiún años, tomados de la mano, te amo ... joven señorita llamada Shirley Deere, quien me dio todo lo que tenía, incluyendo su corazón.

Gracias, jovencita, por hacer esta trayectoria conmigo. ¡Vamos a terminarla, juntos!

Tu Jim*

Acerca del autor

El doctor James Dobson es fundador y presidente de Focus on the Family (Enfoque a la Familia), una organización educacional dedicada a la preservación del hogar. Sus consejos se escuchan en español, en más de quinientos medios de difusión radial, en los Estados Unidos y por toda América Latina.

El doctor Dobson ha sido un sicólogo acreditado y consejero matrimonial, familiar e infantil durante veinticuatro años. Sirvió en la facultad de Medicina de la Universidad del Sur de California por catorce años, y en el personal que atiende a los niños en el Hospital Infantil de los Ángeles por diecisiete años. Ha estado activo en asuntos gubernamentales, y ha aconsejado a tres presidentes de los Estados Unidos sobre asuntos familiares.

Sus libros acerca de la familia incluyen: *Atrévete a disciplinar, Cómo criar a un niño difícil, ¡Esto es ser hombre!, El amor debe ser firme y Amor para toda la vida.*

El doctor Dobson y su esposa Shirley, tienen dos hijos adultos; viven en Colorado Springs, Colorado.